636

LES PÉLOPIDES,

OU

ATRÉE ET THIESTE,

TRAGÉDIE.

Par M. DE VOLTAIRE,

Le Prix est de 12 sols.

A GENEVE,

Et se trouve, A TOULON,

Chez J. L. R. MALLARD, Imprimeur-Libraire,
Place St. pierre.

M. DCC. LXXII.

On trouve à Toulon, chez J. L.
R. Mallard, Imprimeur-Libraire,
place St. Pierre, un assortiment de
Piéces de Théatre, imprimées dans
le même goût.

AVIS
DE L'EDITEUR.

Tout ce qui sort de la plume de M. de VOLTAIRE, est en droit d'intéresser le Public. Il vient de paraître une Tragédie nouvelle dans l'édition de tous ses Ouvrages, qu'on imprime actuellement à Lausanne, en Suisse, chez F. Grasset & Compagnie ; j'ai cru devoir imprimer cette Pièce séparément : comme Souscripteur de cette grande & riche Collection, j'espère que M. de VOLTAIRE ne me saura pas mauvais gré d'avoir mis ce nouveau Drame à portée d'être admiré par un plus grand nombre de Lecteurs.

A ij

FRAGMENT

D'UNE LETTRE,

JE n'ai jamais cru que la Tragédie dût-être à l'eau rose. L'églogue en dialogues, intitulée Bérénice, à laquelle Madame Henriette d'Angleterre fit travailler Corneille & Racine, était indigne du théâtre tragique. Aussi, Corneille n'en fit qu'un ouvrage ridicule. Et ce grand maître Racine eut beaucoup de peine avec tous les charmes de sa diction éloquente, à sauver la stérile petitesse du sujet. J'ai toujours regardé la famille d'Atrée, depuis Pélops jusqu'à Iphigénie, comme l'attelier où l'on a dû forger les poignards de Melpomène. Il lui faut des passions furieuses, de grands crimes, des remords violens. Je ne la voudrais ni fadement amoureuse, ni raisonneuse. Si elle n'est pas terrible, si elle ne transporte pas nos ames, elle m'est insipide.

Je n'ai jamais conçu comment ces Romains qui devaient être si bien instruits par la poétique d'Horace, ont pu parvenir à faire de la tragédie d'Atrée & de Thieste, une déclamation si plate & si fastidieuse. J'aime mieux l'horreur dont Crébillon a rempli sa pièce.

Cette horreur aurait fort réussi sans quatre défauts qu'on lui a reprochés. Le premier, c'est la rage qu'un homme montre de se venger d'un offense qu'on lui a faite, il y a vingt ans. Nous ne nous intéressons à de telles fureurs, nous ne les pardonnons que quand elles sont excitées par une injure récente qui doit troubler l'ame de l'offensé ; & qui émeut la nôtre.

Le second, c'est qu'un homme qui, au premier acte, médite une action détestable, & qui sans aucune intrigue, sans obstacle & sans danger l'exécute au cinquième, eſt beaucoup plus froid encor qu'il n'eſt horrible. Et quand il mangerait le fils de ſon frère, & ſon frère, même tout cruds ſur le théâtre, il n'en ſerait que plus froid & plus dégoûtant, parce qu'il n'a aucune paſſion qui ait touché, parce qu'il n'a point été en péril, parce qu'on n'a rien craint pour lui, rien ſouhaité, rien ſenti.

Inventez des reſſorts qui puiſſent m'attacher.

Le troiſième défaut eſt un amour inutile, qui a paru froid, & qui ne ſert, dit-on, qu'à remplir le vuide de la piéce.

Le quatrième vice, & le plus révoltant de tous, eſt la diction incorrecte du Poëme. Le premier devoir, quand on écrit, eſt de bien écrire. Quand votre Piéce ſerait conduite comme l'Iphigénie de Racine, les Vers ſont-ils mauvais, votre Piéce ne peut être bonne.

Si ces quatre péchés capitaux m'ont toujours révolté; ſi je n'ai jamais pu, en qualité de Prêtre des Muſes, leur donner l'abſolution, j'en ai commis vingt dans cette Tragédie des Pélopides. Plus je perds de temps à compoſer des Piéces de Théâtre, plus je vois combien l'art en eſt difficile. Mais Dieu me préſerve de perdre encor plus de temps à recorder des Acteurs & des Actrices. Leur art n'eſt pas moins rare que celui de la Poëſie.

ACTEURS.

ATRÉE.

THIESTE.

ÆROPE, fille d'Euristhée, femme d'Atrée.

HIPPODAMIE, fille de Pélops.

POLÉMON, archonte d'Argos, ancien gouverneur d'Atrée & de Thieste.

MÉGARE, nourrice d'Ærope.

IDAS, officier d'Atrée.

La Scène est dans le Parvis du Temple.

LES PÉLOPIDES,
OU
ATRÉE ET THIESTE,
TRAGEDIE.

ACTE PREMIER.

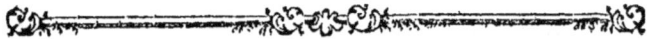

SCENE PREMIERE.

HIPPODAMIE, POLÉMON.

HIPPODAMIE.

VOILA donc tout le fruit de tes soins vigilans!
Tu vois si le sang parle au cœur de mes enfans.
En vain, cher Polémon, ta tendresse éclairée
Guida les premiers ans de Thieste & d'Atrée,
Ils sont nés pour ma perte, ils abrégent mes jours,
Leur haine invétérée & leurs cruels amours
Ont produit tous les maux où mon esprit succombe,
Ma carrière est finie, ils ont creusé ma tombe,
Je me meurs!

POLÉMON.
Espérez un plus doux avenir.

Deux frères divifés pourraient fe réunir.
Nos archontes font las de la guerre inteftine,
Qui des peuples d'Argos annonçait la ruine.
On voit éteindre un feu prêt à tout embrafer
Et forcer, s'il fe peut, vos fils à s'embraffer.

HIPPODAMIE.

Ils fe haïffent trop; Thiefte eft trop coupable;
Le fombre & dur Atrée eft trop inexorable.
Aux autels de l'hymen, en ce temple, à mes yeux,
Bravant toutes les loix, outrageant tous les dieux,
Thiefte n'écoutant qu'un amour adultère
Ravit entre mes bras la femme de fon frère.
A garder fa conquête il ofe s'obftiner.
Je connais bien Atrée, il ne peut pardonner.
Ærope au milieu d'eux déplorable victime,
Des fureurs de l'amour, de la haine & du crime,
Attendant fon deftin du deftin des combats,
Voit encor fes beaux jours entourés du trépas.
Et moi dans ce faint temple où je fuis retirée,
Dans les pleurs, dans les cris, de terreurs dévorée,
Tremblante pour eux tous, je tends ces faibles bras
A des dieux irrités qui ne m'écoutent pas.

POLÉMON.

Malgré l'acharnement de la guerre civile,
Les deux partis du moins refpectent votre afyle;
Et même entre mes mains vos enfans ont juré
Que ce temple à tous deux ferait toujours facré.
J'ofe efpérer bien plus. Depuis près d'une année,
Que nous voyons Argos au meurtre abandonnée,
Peut-être ai-je amoli cette férocité
Qui de nos factions nourrit l'atrocité.
Le fénat me feconde, on propofe un partage
Des états que Pélops reçut pour héritage;
Thiefte dans Micène, & fon frère en ces lieux,
L'un de l'autre écartés, n'auront plus fous leurs yeux
Cet éternel objet de difcorde & d'envie,
Qui défole une mère ainfi que la patrie.

L'abfence

L'abfence affaiblira leurs fentimens jaloux;
On rendra dès ce jour Ærope à fon époux:
On rétablit des loix le facré caractère.
Vos deux fils régneront en révérant leur mère.
Ce font là nos deffeins, Puiffent les Dieux plus doux
Favorifer mon zèle & s'appaifer pour vous!

HIPPODAMIE.

Efpérons; mais enfin, la mère des Atrides
Voit l'incefte autour d'elle avec les patricides;
C'eft le fort de mon fang. Tes foins & ta vertu
Contre la deftinée ont en vain combattu.
Il eft donc en naiffant des races condamnées,
Par un trifte afcendant vers le crime entraînées;
Que formèrent des dieux les décrets éternels
Pour être en épouvante aux malheureux mortels!
La maifon de Tantale eut ce noir caractère.
Il s'étendit fur moi.... Le trépas de mon père
Fut autrefois le prix de mon fatal amour.
Ce n'eft qu'à des forfaits que mon fang doit le jour,
Mes fouvenirs affreux, mes alarmes timides,
Tout me fait friffonner au nom des Pélopides.

POLÉMON.

Quelquefois la fageffe a maîtrifé le fort;
C'eft le tyran du faible & l'efclave du fort.
Nous faifons nos deftins, quoique vous puiffiez dire.
L'homme, par fa raifon fur l'homme a quelque empire;
Le remords parle au cœur, on l'écoute à la fin;
Ou bien cet univers efclave du deftin,
Jouet des paffions l'un à l'autre contraires
Ne ferait qu'un amas de crimes néceffaires.
Parlez en reine, en mère; & ce double pouvoir
Rapellera Thiefte à la voix du devoir.

HIPPODAMIE.

En vain je l'ai tenté, c'eft là ce qui m'accable.

POLÉMON.

Plus criminel qu'Atrée il eft moins intraitable;
Il connaît fon erreur.

B

HIPPODAMIE.

Oui, mais il la chérit.
Je hais son attentat. Sa douleur m'attendrit.
Je le blâme & le plains.

POLEMON.

Mais la cause fatale
Du malheur qui poursuit la race de Tantale,
Ærope, cet objet d'amour & de douleur,
Qui devrait s'arracher aux mains d'un ravisseur,
Qui met la Grece en feu par ses funestes charmes!

HIPPODAMIE.

Je n'ai pu d'elle encor obtenir que des larmes.
Je m'en suis séparée: & fuyant les mortels
J'ai cherché la retraite aux pieds de ces autels.
J'y finirai des jours que mes fils empoisonnent.

POLEMON.

Quand nous n'agissons point, les dieux nous abandonnent
Ranimez un courage éteint par le malheur.
Le peuple me conserve un reste de faveur,
Le senat me consulte, & nos tristes provinces
Ont payé trop long-tems les fautes de leurs princes.
Il est tems que leur sang cesse enfin de couler.
Les pères de l'état vont bientôt s'assembler.
Ma faible voix du moins, jointe à ce sang qui crie,
Autant que pour mes rois sera pour ma patrie.
Mais je crains qu'en ces lieux plus puissante que nous,
La haine renaissante éveillant leur courroux,
N'opose à nos conseils ses trames homicides.
Les méchans sont hardis; les sages sont timides.
Je les ferai rougir d'abandonner l'état,
Et pour servir les rois, je revole au sénat.

HIPPODAMIE.

Tu serviras leur mère. Ah! cours, & que ton zèle
Lui rende ses enfans qui sont perdus pour elle.

SCENE II.

HIPPODAMIE, *seule.*

MES fils, mon seul espoir, & mon cruel fléau,
Si vos sanglantes mains m'ont ouvert un tombeau,
Que j'y descende au moins, tranquille & consolée.
Venez fermer les yeux d'une mère accablée.
Qu'elle expire en vos bras sans trouble & sans horreur;
A mes derniers momens mêlez quelque douceur.
Le poison des chagrins trop long-tems me consume,
Vous avez trop aigri leur mortelle amertume.

SCENE III.

HIPPODAMIE, ÆROPE, MEGARE.

ÆROPE, *en entrant, pleurant & embrassant Mégare.*

VA, te dis-je, Mégare, & cache à tous les yeux,
Dans ces antres secrets ce dépôt précieux,

HIPPODAMIE.

Ciel! Ærope, est-ce vous? qui! vous dans ces asyles!

ÆROPE.

Cet objet odieux des discordes civiles,
Celle à qui tant de maux doivent se reprocher,
Sans doute à vos regards aurait dû se cacher.

HIPPODAMIE.

Qui vous ramène hélas! dans ce temple funeste?
Menacé par Atrée & souillé par Thieste!
L'aspect de ce lieu saint doit vous épouvanter.

ÆROPE.

A vos enfans du moins, il se fait respecter.
Laissez-moi ce refuge, il est inviolable,
N'enviez pas, ma mère, un asyle au coupable,

B ij

HIPPODAMIE.

Vous ne l'êtes que trop ; vos dangereux appas
Ont produit de forfaits que vous n'expierez pas,
Je devrais vous haïr, vous m'êtes toujours chère ;
Je vous plains ; vos malheurs accroissent ma misère,
Parlez ; vous arrivez vers ces dieux en courroux
Du théâtre de sang où l'on combat pour vous.
De quelque ombre de paix avez-vous l'espérance ?

ÆROPE,

Je n'ai que mes terreurs. En vain par sa prudence
Polémon qui se jette entre ces inhumains,
Prétendait arracher les armes de leurs mains.
Ils sont tous deux plus fiers & plus impitoyables ;
Je cherche ainsi que vous des dieux moins implacables;
Souffrez, en m'acusant de toutes vos douleurs
Qu'à vos gémissemens j'ose mêler mes pleurs,
Que n'en puis-je être digne !

HIPPODAMIE.

           Ah ! trop chère ennemie,
Est-ce à vous de vous joindre aux pleurs d'Hippodamie?
A vous qui les causez ! plût au ciel qu'en vos yeux ,
Ces pleurs eussent éteint le feu pernicieux ,
Dont le poison trop sûr & les funestes charmes ,
Ont eu tant de puissance & coûté tant de larmes !
Peut-être que sans vous cessant de se haïr
Deux frères malheureux que le sang doit unir,
N'auraient point rejetté les efforts d'une mère,
Vous m'arrachez deux fils pour avoir trop sû plaire.
Mais voulez-vous me croire & vous joindre à ma voix,
Où vous ai-je parlé pour la dernière fois?

ÆROPE.

Je voudrois que le jour où votre fils Thieste
Outragea sous vos yeux la justice céleste ,
Le jour qu'il vous ravit l'objet de ses amours,
Eût été le dernier de mes malheureux jours.
De tous mes sentimens je vous rendrai l'arbitre,
Je vous chéris en mère , & c'est à ce saint titre

Que mon cœur défolé recevra votre loi,
Vous jugerez , ô reine! entre Thiefte & moi.
Après fon attentat, de troubles entourée,
J'ignorai jufqu'ici les fentimens d'Atrée :
Mais plus il eft aigri contre mon raviffeur,
Plus à fes yeux fans doute , Ærope eft en horreur.

HIPPODAMIE.

Je fais qu'avec fureur il pourfuit fa vengeance,

ÆROPE.

Vous avez fur un fils encore quelque puiffance.

HIPPODAMIE.

Sur les degrés du trône elle s'évanouit,
L'enfance nous la donne & l'âge la ravit.
Le cœur de mes deux fils eft fourd à ma prière,
Hélas! c'eft quelquefois un malheur d'être mère.

ÆROPE.

Madame,.. il eft trop vrai... mais dans ce lieu facré
Le fage Polémon tout à l'heure eft entré.
N'a-t-il point confolé vos alarmes cruelles ?
N'aurait-il apporté que de triftes nouvelles ?

HIPPODAMIE.

J'attends beaucoup de lui; mais malgré tous fes foins
Mes tranfports douloureux ne me troublent pas moins.
Je crains également la nuit & la lumière,
Tout s'arme contre moi dans la nature entière.
Et Tartale , & Pélops, & mes deux fils, & vous,
Les enfers déchaînés, & les dieux en courroux;
Tout préfente à mes yeux les fanglantes images
De mes malheurs paffés & des plus noirs préfages :
Le fommeil fuit de moi, la terreur me pourfuit,
Les fantômes affreux, ces enfans de la nuit,
Qui des infortunés affiegent les penfées,
Impriment l'épouvante en mes veines glacées,
D'Oenomaüs mon père on déchire le flanc,
Le glaive eft fur ma tête ; on m'abreuve de fang,
Je vois les noirs détours de la rive infernale,

L'exécrable festin que prépara Tantale ;
Son supplice aux enfers, & ces champs désolés
Qui n'offrent à sa faim que des troncs dépouillés ;
Je m'éveille mourante aux cris des Eumenides,
Ce temple a retenti du nom des parricides.
Ah ! si mes fils savaient tout ce qu'ils m'ont coûté,
Ils maudiraient leur haine & leur férocité ;
Ils tomberaient en pleurs aux pieds d'Hippodamie.

ÆROPE.

Peut-être un sort plus triste empoisonne ma vie.
Les monstres déchaînés de l'empire des morts,
Sont moins cruels pour moi que l'horreur des remords.
C'en est fait. . . . Votre fils, & l'amour m'ont perdue.
J'ai semé la discorde en ces lieux répandue.
Je suis, je l'avouerai, criminelle en effet ;
Un Dieu vengeur me suit... mais vous, qu'avez-vous fait ?
Vous êtes innocente & les Dieux vous punissent ?
Sur vous comme sur moi leurs coups s'appesantissent,
Hélas ! c'était à vous d'éteindre entre leurs mains
Leurs foudres allumés sur les tristes humains.
C'était à vos vertus de m'obtenir la grace.

SCENE IV.

HIPPODAMIE, ÆROPE, MÉGARE.

MÉGARE.

PRincesse.... Les deux rois....

HIPPODAMIE.

Qu'est-ce donc qui se passe ?

ÆROPE.

Quoi !...Thieste!... ce temple...Ah! qu'est-ce que j'entends!

MÉGARE.

Les cris de la patrie & ceux des combattans.
La mort suit en ces lieux les deux malheureux frères.

ÆROPE.

Allons, je l'obtiendrai de leurs mains sanguinaires,
Ma mère, montrons-nous à ces désespérés,
Ils me sacrifieront ; mais vous les calmerez,
Allons, je suis vos pas.

HIPPODAMIE.

Ah ! vous êtes ma fille ;
Sauvons de ses fureurs une triste famille,
Ou que mon sang versé par mes malheureux fils,
Coule avec tout le sang que je leur ai transmis.

Fin du premier Acte.

ACTE II.

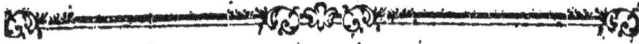

SCENE PREMIERE.

HIPPODAMIE, ÆROPE, POLEMON.

POLÉMON.

Ou courez-vous?... rentrez... que vos larmes tariffent.
Que de vos cœurs glacés les terreurs fe banniffent.
Je me trompe, ou je vois ce grand jour arrivé
Qu'à finir tant de maux le ciel a réfervé.
Les forfaits ont leur terme, & votre deftin change,
La paix revient.

ÆROPE.

Comment?

HIPPODAMIE.

Quel dieu, quel fort étrange,
Quel miracle a fléchi le cœur de mes enfans?

POLÉMON.

L'équité, dont la voix triomphe avec le temps,
Aveugle en fon courroux le violent Atrée
Déja de ce faint temple allait forcer l'entrée.
Son courroux facrilège oubliait fes ferments.
Il en avait l'exemple; & fes fiers combattans
Prompts à fervir fes droits, à venger fon outrage,
Vers ces parvis facrés lui frayaient un paffage.

(à Ærope.)

Il venait (je ne puis vous diffimuler rien)
Ravir fa propre époufe & reprendre fon bien.
Il le peut; mais il doit refpecter fa parole.

Thieft

Thieste est alarmé ; vers lui Thieste vole ;
On combat, le sang coule ; emportés, furieux
Les deux freres pour vous s'égorgaient à mes yeux.
Je m'avance, & ma main saisit leur main barbare ;
Je me livre à leurs coups : enfin je les sépare.
Le sénat qui me suit, seconde mes efforts.
En attestant les loix, nous marchons sur des morts.
Le peuple en contemplant ces juges vénérables,
Ces images des dieux aux mortels favorables,
Laisse tomber le fer à leur auguste aspect.
Il a bientôt passé des fureurs au respect.
Il conjure à grands cris la discorde farouche ;
Et le saint nom de paix vole de bouche en bouche.

HIPPODAMIE.

Tu nous a tous sauvés.

POLEMON.

Il faut bien qu'une fois
Le peuple en nos climats soit l'exemple des rois.
Lorsqu'enfin la raison se fait par-tout entendre,
Vos fils l'écouteront, vous les verrez se rendre
Le sang & la nature, & leurs vrais intérêts,
A leurs cœurs amolis parleront de plus près.
Ils doivent accepter l'équitable partage
Dont leur mère a tantôt reconnu l'avantage.
La concorde aujourd'hui commence à se montrer ;
Mais elle est chancellante ; il la faut assurer.
Thieste en possédant la fertile Micène,
Pourra faire à son gré dans Sparte ou dans Athène,
Des filles des héros qui leur donnent des loix
Sans remords & sans crime un légitime choix.
La veuve de Pélops heureuse & triomphante,
Voiant de tous côtés sa race florissante ;
N'aura plus qu'à bénir au comble du bonheur
Le dieu qui de son sang est le premier auteur.

HIPPODAMIE.

Je lui rends déja grace, & non moins à vous-même.
Et vous ma fille, & vous que j'ai plainte & que j'aime,

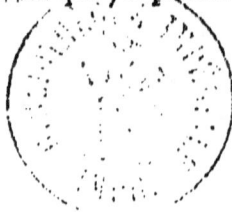

C

Uniſſez vos tranſports à mes remercîmens;
Aux dieux dont nous ſortons, offrez un pur encens.
Qu'Hippodamie enfin, tranquille & raſſurée
Remette Ærope heureuſe entre les mains d'Atrée,
Qu'il pardonne à ſon frère.

ÆROPE.

            Ah, dieux!,., & croyez-vous
Qu'il ſache pardonner?

HIPPODAMIE.

           Dans ſes tranſports jaloux
Il ſait que par Thieſte en tout tems reſpectée,
Il n'a point outragé la fille d'Euriſthée,
Qu'au milieu de la guerre il prétendit en vain
Au funeſte·bonheur de lui donner la main.
Qu'enfin par les dieux même à leurs autels conduite
Elle a dans la retraite évité ſa pourſuite.

ÆROPE.

Voilà cette retraite où je prétends cacher
Ce qu'un remords affreux me paraît reprocher.
C'eſt là qu'aux pieds des dieux on nourrit mon enfance;
C'eſt là que je reviens implorer leur clémence.
J'y veux vivre & mourir,

HIPPODAMIE.

           Vivez pour un époux,
Cachez vous pour Thieſte; il eſt perdu pour vous.

ÆROPE.

Dieux qui me confondez, vous amenez Thieſte!

HIPPODAMIE.

Fuyez-le.

        ÆROPE.

Ah! je l'ai dû... mon ſort eſt trop funeſte.

               (Elle ſort.)

SCENE II.

HIPPODAMIE, POLÉMON, THIESTE.

HIPPODAMIE.

MON fils, qui vous ramène en mes bras maternels ?
Osez-vous reparaître aux pieds de ces autels ?

THIESTE.

J'y viens... chercher la paix, s'il en est pour Atrée,
S'il en est pour mon ame au désespoir livrée,
J'y viens mettre à vos pieds ce cœur trop combattu,
Embrasser Polémon, respecter sa vertu,
Expier envers vous ma criminelle offense,
Si de la réparer il est en ma puissance.

POLÉMON.

Vous le pouvez, sans doute, en sachant vous dompter,
Lorsqu'à de tels excès se laissant emporter,
On fuir des passions l'empire illégitime,
Quand on donne aux sujets les exemples du crime ;
On leur doit, croyez-moi, celui du repentir.
La Grèce enfin s'éclaire, & commence à sortir
De la férocité, qui dans nos premiers âges
Fit des cœurs sans justice & des héros sauvages.
On n'est rien sans les mœurs. Hercule est le premier
Qui marchant quelquefois dans ce noble sentier
Ainsi que les brigands osa dompter les vices.
Son émule Thésée a fait des injustices,
Le crime dans Tidée a souillé la valeur ;
Mais bientôt leur grande ame abjurant leur erreur
N'en aspirait que plus à des vertus nouvelles.
Ils ont réparé tout.... imitez vos modèles....
Souffrez encor un mot : si vous persévériez ;
Poussé par le torrent de vos inimitiés,
Ou plutôt par les feux d'un amour adultère,
A refuser encor Ærope à votre frère,

C ij

Craignez que le parti que vous avez gagné,
Ne tourne contre vous son courage indigné.
Vous pourriez, pour tout prix d'une imprudence vaine,
Abandonné d'Argos, être exclus de Micène,

THIESTE.

J'ai senti mes malheurs plus que vous ne pensez.
N'irritez point ma plaie ; elle est cruelle assez.
Madame, croyez-moi, je vois dans quel abîme,
M'a plongé cet amour que vous nommez un crime.
Je ne m'excuse point (devant vous condamné)
Sur l'exemple éclatant que vingt rois m'ont donné,
Sur l'exemple des dieux dont on nous fait descendre,
Votre austère vertu dédaigne de m'entendre.
Je vous dirai pourtant qu'avant l'hymen fatal
Que dans ces lieux sacrés célébra mon rival,
J'aimais, j'idolatrais la fille d'Euristée;
Que par mes vœux ardents long-tems sollicitées,
Sa mère dans Argos eût voulu nous unir ;
Qu'enfin ce fut à moi qu'on osa la ravir ;
Que si le désespoir fut jamais excusable....

HIPPODAMIE.

Ne vous aveuglez point, rien n'excuse un coupable.
Oubliez avec moi de malheureux amours,
Qui feraient votre honte & l'horreur de vos jours,
Celle de votre frère, & d'Ærope, & la mienne.
C'est l'honneur de mon sang qu'il faut que je soutienne;
C'est la paix que je veux : il n'importe à quel prix.
Atrée ainsi que vous est mon sang, & mon fils,
Tous les droits sont pour lui. Je veux dès l'heure même
Remettre en son pouvoir une épouse qu'il aime,
Tenir sans la pencher la balance entre vous,
Réparer vos erreurs, & vaincre son courroux,

SCENE III.

THIESTE, *seul.*

QUE deviens-tu, Thieste! Eh quoi, cette paix même,
Cette paix qui d'Argos est le bonheur suprême,
Va donc mettre le comble aux horreurs de mon fort!
Cette paix pour Ærope est un arrêt de mort.
C'est peu que pour jamais d'Ærope on me sépare ;
La victime est livrée au pouvoir d'un barbare ;
Je me vois dans ces lieux sans armes, sans amis ;
On m'arrache ma femme, on peut frapper mon fils.
Mon rival triomphant s'empare de sa proie.
Tous mes maux sont formés de la publique joie.
Ne pourrai-je aujourd'hui mourir en combattant?
Micène a des guerriers, mon amour les attend;
Et pour quelques momens, ce temple est un asyle.

SCENE IV.

THIESTE, MEGARE.

THIESTE.

MEGARE, qu'a-t-on fait? ce temple est-il tranquille?
Le descendant des dieux est-il en sûreté :

MEGARE.

Sous cette voûte antique un séjour écarté
Au milieu des tombeaux recèle son enfance.

THIESTE.

L'asyle de la mort est la seule assurance!

MEGARE.

Celle qui dans le fond de ces antres affreux,
Veille aux premiers momens de ses jours malheureux,
Tremble qu'un œil jaloux bientôt ne les découvre.
Ærope s'épouvante ; & cette ame qui s'ouvre

A toutes les douleurs qui viennent la chercher ,
En accroît la blessure en voulant la cacher :
Elle aime, elle maudit le jour qui le vit naître.
Elle craint dans Atrée un implacable maître;
Et je tremble de voir ses jours ensevelis
Dans le sein des tombeaux qui renferment son fils,

THIESTE.

Epouse infortunée ! & malheureuse mère !
Mais nul ne peut forcer sa prison volontaire.
De cet asyle saint rien ne peut le tirer,

SCENE V.

THIESTE, ÆROPE , MEGARE,

ÆROPE.

S Eigneur , aux mains d'Atrée on va donc me livrer !
Votre mère l'ordonne... & je n'ai pour excuse
Que mon crime ignoré , ma rougeur qui m'accuse ;
Un enfant malheureux qui sera découvert.
Que je résiste ou non , c'en est fait, tout me perd.
Auteur de tant de maux, pourquoi m'as-tu séduite ?

THIESTE.

Oubliez mes forfaits, n'en craignez point la fuite,
Cette fatale paix ne s'accomplira pas.
Il me reste pour vous des amis, des soldats ,
Mon amour, mon courage: & c'est à vous de croire
Que si je meurs ici je meurs pour votre gloire.
Nôtre hymen clandestin d'une mère ignoré ,
Tout malheureux qu'il est, n'en est pas moins sacré.
Je me suis trop, sans doute, accusé devant elle.
Ce n'est pas vous, du moins, qui futes criminelle.
A mon fier ennemi j'enlevai vos appas.
Les dieux n'avaient point mis Ærope entre ses bras.
J'éteignis les flambeaux de cette horrible fête.
Malgré vous, en un mot, vous futes ma conquête.

Je fus le seul coupable, & je ne le suis plus.
Votre cœur alarmé, vos vœux irrésolus,
M'ont assez reproché ma flamme & mon audace.
A mon emportement le ciel même a fait grace.
Ses bontés ont fait voir, en m'accordant un fils,
qu'il approuve l'himen dont nous sommes unis,
Et Micène bientôt, à son prince fidèle,
En pourra célébrer la fête solemnelle,

ÆROPE.

Va, ne réclame point ces nœuds infortunés,
Et ces dieux, & l'hymen.... ils nous ont condamnés.
Osons-nous nous parler ?... tremblante, confondue,
Devant qui désormais puis-je lever la vue ?
Dans ce ciel qui voit tout, & qui lit dans les cœurs ;
Le rapt & l'adultère ont-ils des protecteurs ?
En remportant sur moi ta funeste victoire,
Cruel, t'es-tu flaté de conserver ma gloire ?
Tu m'as fait ta complice,.. & la fatalité
Qui subjugue mon cœur contre moi révolté,
Me tient si puissamment à ton crime enchaînée ;
Qu'il est devenu cher à mon ame étonnée,
Que le sang de ton sang qui s'est formé dans moi ;
Ce gage de ton crime est celui de ma foi,
Qu'il rend indissoluble un nœud que je déteste....
Et qu'il n'est plus pour moi d'autre époux que Thieste,

THIESTE.

C'est un nom qu'un tyran ne peut plus m'enlever.
La mort & les enfers pourront seuls m'en priver.
Le sceptre de Micène a pour moi moins de charmes.

SCENE VI.

ÆROPE, THIESTE, POLEMON.

POLEMON.

SEIGNEUR, Atrée arrive; il a quitté ses armes.

Dans ce temple avec vous il vient jurer la paix.

THIESTE.

Grands dieux! vous me forcez de haïr vos bienfaits.

POLEMON.

Vous allez à l'autel confirmer vos promesses. »
L'encens s'élève aux cieux des mains de nos prêtresses!
Des oliviers heureux les festons desirés
Ont annoncé la fin de ces jours abhorrés,
Où la discorde en feu désolait notre enceinte.
On a lavé le sang dont la ville fut teinte.
Et le sang des méchans qui voudraient nous troubler
Est ici désormais le seul qui doit couler.
Madame, il n'appartient qu'à la reine elle même
De vous remettre aux mains d'un époux qui vous aime,
Et d'essuyer les pleurs qui coulent de vos yeux.

ÆROPE.

Mon sang devait couler... vous le savez, grands dieux?

THIESTE, à Polémon.

Il me faut rendre Ærope!

POLEMON.

Oui Thieste, & sur l'heure,
C'est la loi du traité.

THIESTE.

Va, que plutôt je meure,
Qu'aux monstres des enfers mes mânes soient livrés!...

POLEMON.

Quoi! vous avez promis, & vous vous parjurez?

THIESTE.

Qui? moi!... qu'ai-je promis?

POLEMON.

Votre fougue inutile
Veut-elle ralumer la discorde civile?

THIESTE.

La discorde vaut mieux qu'un si fatal accord.
Il redemande Ærope; il l'aura par ma mort.

POLEMON

POLEMON.

Vous écoutiez tantôt la voix de la justice.

THIESTE.

Je voyais de moins près l'horreur de mon supplice;
Je ne le puis souffrir.

POLEMON.

Ah! c'est trop de fureurs;
C'est trop d'égaremens & de folles erreurs;
Mon amitié pour vous, qui se lasse & s'irrite,
Plaignait votre jeunesse imprudente & séduite;
Je vous tiens lieu de père, & ce père offensé
Ne voit qu'avec horreur un amour insensé.
Je sers Atrée & vous, mais l'état davantage.
Et si l'un de vous deux rompt la foi qui l'engage,
Moi même contre lui je cours me déclarer.
Mais de votre raison je veux mieux espérer.
Et bientôt dans ces lieux l'heureuse Hippodamie
Reverra sa famille, en ses bras réunie.

(Il sort.)

SCENE VII.

ÆROPE, THIESTE.

ÆROPE.

CE n est donc fait, Thieste, il faut nous séparer.

THIESTE.

Moi! vous, mon fils !.. quel trouble a pu vous égarer !
Quel est votre dessein ?

ÆROPE.

C'est dans cette demeure,
C'est dans cette prison qu'il est tems que je meure,
Que je meure oubliée, inconnue aux mortels,
Inconnue à l'amour, à ses tourmens cruels,
A ce trouble éternel qui suit le diadème,
Au redoutable Atrée, & sur-tout à vous même.

D

THIESTE.

Vous n'accomplirez point ce projet odieux,
Je vous difputerai à mon frere, à nos dieux,
Suivez-moi.

ÆROPE.

Nous marchons d'abîmes en abîmes,
C'eft-là votre partage, amours illégitimes,

Fin du fecond Acte.

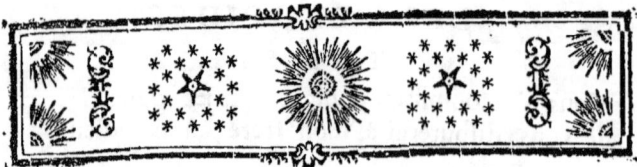

ACTE III.

HIPPODAMIE, ATRE'E, POLEMON,
IDAS, *Gardes*, *Peuple*, *Prêtres*.

HIPPODAMIE.

GEnereux Polémon, la paix eſt votre ouvrage,
Régnez heureux, Atrée, & goûtez l'avantage
De poſſéder ſans trouble un trône où vos ayeux,
Pour le bien des mortels, ont remplacé les dieux.
Thieſte avant la nuit partira pour Micène.
J'ai vu s'éteindre enfin les flambeaux de la haine,
Dans ma triſte maiſon ſi long-tems allumés ;
J'ai vu mes chers enfans paiſibles, déſarmés,
Dans ce parvis du temple étouffant leur querelle,
Commencer dans mes bras leur concorde éternelle.
Vous en ſerez témoins, vous peuples réunis,
Prêtres qui m'écoutez, dieux long-tems ennemis,
Vous en ſerez garants. Ma débile paupière
Peut ſans crainte à la fin s'ouvrir à la lumière.
J'attendrai dans la paix un fortuné trépas.
Mes derniers jours ſont beaux.... je ne l'eſpérais pas.

ATRÉE.

Idas autour du temple étendez vos cohortes,
Vous, gardez ce parvis ; vous, veillez à ces portes,
(*à Hippodamie.*)
Qu'une mère pardonne à ces ſoins ombrageux ;
A peine encor ſorti de nos tems orageux

D ij

D'Argos enfanglantée, à peine encor le maître,
Je préviens des dangers toujours promts à renaître,
Thiefte a trop pâli tandis qu'il m'embraffait,
Il a promis la paix ; mais il en frémiffait.
D'où vient que devant moi la fille d'Euriftée
Sur vos pas en ces lieux ne s'eft point préfentée ?
Vous deviez l'amener dans ce facré parvis,

HIPPODAMIE,

Nos myftères divins dans la Grèce établis,
La retiennent encor au milieu des prêtreffes,
Qui de la paix des cœurs implorent les déeffes.
Le ciel eft à nos vœux favorable aujourd'hui,
Et vous ferez fans doute appaifé comme lui,

ATRÉE.

Rendez-nous, s'il fe peut, les immortels propices,
Je ne dois point troubler vos fecrets facrifices,

HIPPODAMIE.

Ce, froid & fombre accueil était inattendu,
Je penfais qu'à mes foins vous auriez répondu,
Aux ombres du bonheur imprudemment livrée,
Je vois trop que ma joie était prématurée,
Que j'ai dû peu compter fur le cœur de mon fils,

ATRÉE,

Atrée eft mécontent, mais il vous eft foumis,

HIPPODAMIE.

Ah! je voulais de vous, après tant de fouffrance,
Un peu moins de refpects & plus de complaifance,
J'attendais de mon fils une jufte pitié.
Je ne vous parle point des droits de l'amitié.
Je fais que la nature en a peu fur votre ame,

ATRÉE,

Thiefte vous eft cher, il vous fuffit, madame,

HIPPODAMIE.

Vous déchirez mon cœur après l'avoir percé,
Il fut par mes enfans affez long-tems bleffé,
Je n'ai pu de vos mœurs adoucir la rudeffe ;

Vous avez en tout tems repoussé ma tendresse :
Et je n'ai mis au jour que des enfans ingrats,
Allez, mon amitié ne se rebute pas.
Je conçois vos chagrins & je vous les pardonne.
Je n'en bénis pas moins ce jour qui vous couronne ;
Il n'a pas moins rempli mes désirs empressés,
Connaissez votre mère, ingrat, & rougissez.

SCENE II.

ATRE'E, POLEMON, IDAS, *Peuple.*

ATRÉE (*au Peuple, à Polémon & Idas.*)

QU'on se retire.... Et vous, au fond de ma pensée,
Voyez tous les tourmens de mon ame offensée,
Et ceux dont je me plains, & ceux qu'il faut celer,
Et jugez si ce trône a pu me consoler.

POLEMON.

Quels qu'ils soient, vous savez si mon zèle est sincère,
Il peut vous irriter. Mais, seigneur, une mère
Dans ce temple, à l'aspect des mortels & des dieux,
Devait-elle essuyer l'accueil injurieux
Qu'à ma confusion vous venez de lui faire ?
Ah ! le ciel lui donna des fils dans sa colere.
Tous les deux sont cruels, & tous deux de leurs mains
La mènent au tombeau par de tristes chemins.
C'était de vous sur-tout qu'elle devait attendre
Et la reconnaissance & l'amour le plus tendre.

ATRÉE.

Que Thieste en conserve : elle l'a préféré ;
Elle accorde à Thieste un appui déclaré,
Contre mes intérêts puisqu'on le favorise,
Puisqu'on a couronné son indigne entreprise,
Que Micène est le prix de ses emportemens,
Lui seul à ses bontés doit des remerciments.

POLEMON.

Vous en devez tous deux ; & la reine, & moi-même,

Nous avons de Pélops suivi l'ordre suprême.
Ne vous souvient-il plus qu'au jour de son trépas
Pélops entre ses fils partagea ses états ?
Et vous en possédez la plus riche contrée,
Par votre droit d'aînesse à vous seul assurée.

ATRÉE.

De mon frère en tout tems vous futes le soutien.

POLEMON.

J'ai pris votre intérêt sans négliger le sien.
La loi seule a parlé; seule elle a mon suffrage.

ATRÉE.

On récompense en lui le crime qui m'outrage.

POLEMON.

On condamne son crime, il le doit expier.
Et vous, s'il se repend, vous devez l'oublier.
Vous n'êtes point placé sur un trône d'Asie,
Ce siége de l'orgueil & de la jalousie,
Appuié sur la crainte & sur la cruauté,
Et du sang le plus proche en tout tems cimenté.
Vers l'Euphrate un despote, ignorant la justice,
Foulant son peuple aux pieds, suit en paix son caprice.
Ici nous commençons à mieux sentir nos droits.
L'Asie a ses tyrans, mais la Grèce a des rois.
Craignez qu'en s'éclairant Argos ne vous haïsse....,
Petit-fils de Tantale, écoutez la justice.

ATRÉE.

Polémon, c'est assez, je conçois vos raisons;
Je n'avois pas besoin de ces nobles leçons;
Vous n'avez point perdu le grand talent d'instruire.
Vos soins dans ma jeunesse ont daigné me conduire;
Je dois m'en souvenir, mais il est d'autres tems.
Le ciel ouvre à mes pas des sentiers différens.
Je vous ai dû beaucoup, je le sais; mais peut-être
Oubliez-vous trop tôt que je suis votre maître.

POLEMON.

Puisse ce titre heureux long-tems vous demeurer ;
Et puissent dans Argos vos vertus l'honorer.

SCENE III.
ATRÉE, IDAS,
ATRÉE.

C'EST à toi seul, Idas, que ma douleur confie
Les soupçons malheureux qui l'ont encor aigrie;
Le poison qui nourrit ma haine & mon courroux,
La foule des tourmens que je leur cache à tous.
Mon cœur peut se tromper; mais dans Hippodamie
Je crains de rencontrer ma secrète ennemie.
Polémon n'est qu'un traître, & son ambition
Peut-être de Thieste, armait la faction.

IDAS.

Tel est souvent des cours le manège perfide;
La vérité les fuit, l'imposture y réside,
Tout est parti, cabale, injure ou trahison,
Vous voyez la discorde y verser son poison.
Mais que craindriez-vous d'un parti sans puissance?
Tout n'est-il pas soumis à votre obéissance?
Ce peuple sous vos loix ne s'est-il pas rangé?
Vous êtes maître ici.

ATRÉE.

Je n'y suis pas vengé.
J'y suis en proye, Idas, à d'étranges supplices;
Mes mains avec effroi rouvrent mes cicatrices;
J'en parle avec horreur; & je ne puis juger
Dans quel indigne sang il faudra les plonger....
Je veux croire, & je crois qu'Ærope avec mon frère
N'a point osé former un hymen adultère....
Moi-même je la vis contre un rapt odieux
Implorer ma vengeance & les foudres des dieux,
Mais il est trop affreux qu'au jour de l'hyménée,
Ma femme un seul moment ait été soupçonnée.
Apprends des sentimens plus douloureux cent fois,
Je ne sais si l'objet indigne de mon choix,

Sur mes sens révoltés que la fureur déchire,
N'aurait point en secret conservé quelque empire,
J'ignore si mon cœur, facile à l'excuser,
Des feux qu'il étouffa peut encor s'embraser ;
Si dans ce cœur farouche, en proye aux barbaries,
L'amour habite encor au milieu des furies.

I D A S.

Vous pouvez sans rougir la revoir & l'aimer.
Contre vos sentimens pourquoi vous animer ?
L'absolu souverain d'Ærope & de l'empire,
Doit s'écouter lui seul, & peut ce qu'il désire.
De votre mère encor j'ignore les projets,
Mais elle est comme un autre au rang de vos sujets.
Votre gloire est la sienne ; & de trouble lassée
A vous rendre une épouse, elle est intéressée.
Son ame est noble & juste ; & jusqu'à ce jour
Nulle mère à son sang n'a marqué tant d'amour.

A T R É E.

Non, ma fatale épouse, entre mes bras ravie
De sa place en mon cœur sera du moins bannie,

I D A S.

A vos pieds dans ce temple elle doit se jetter,
Hippodamie enfin doit vous la présenter.

A T R É E.

Pour Ærope, il est vrai, j'aurais pû sans faiblesse
Garder le souvenir d'un reste de tendresse....
Mais pour éteindre enfin tant de ressentimens,
Cette mère qui m'aime a tardé bien long-tems.
Ærope n'a point part au crime de mon frère ;
Ærope eût pu calmer les flots de ma colère,
Je l'aimai, j'en rougis.... J'attendis dans Argos
De ce funeste hymen ma gloire & mon repos.
De toutes les beautés Ærope est l'assemblage,
Les vertus de son sexe étaient sur son visage,
Et quand je la voyais, je les crus dans son cœur.
Tu m'as vû détester & chérir mon erreur ;

Et

Et tu me vois encor flotter dans cet orage,
Incertain de mes vœux, incertain dans ma rage;
Nourissant en secret un affreux souvenir;
Et redoutant sur-tout d'avoir à la punir.

SCÈNE IV.

HIPPODAMIE, ATRÉE, IDAS.

HIPPODAMIE.

Vous revoyez, mon fils, une mère affligée,
Qui, toujours trop sensible & toujours outragée,
Revient vous dire enfin du pied des saints autels,
Au nom d'Ærope, au sien, des adieux éternels.
La malheureuse Ærope a désuni deux frères;
Elle alluma les feux de ces funestes guerres;
Source de tous les maux, elle fuit tous les yeux.
Ses jours infortunés sont consacrés aux dieux.
Sa douleur nous trompait: ses secrets sacrifices
De celui qu'elle fait, n'étaient que les prémices.
Libre au fond de ce temple, & loin de ses amans,
Sa bouche a prononcé ses éternels sermens.
Elle ne dépendra que du pouvoir céleste.
Des murs du sanctuaire elle écarte Thieste;
Son criminel aspect eût souillé ce séjour.
Qu'il parte pour Micène avant la fin du jour.
Vivez, régnez heureux.... Ma carrière est remplie,
Dans ce tombeau sacré je reste ensevelie.
Je devais cet exemple au lieu de l'imiter....,
Tout ce que je demande avant de vous quitter,
C'est de vous voir signer cette paix nécessaire,
D'une main qu'à mes yeux conduise un cœur sincère.
Vous n'avez point encor accompli ce devoir.
Nous allons pour jamais renoncer à nous voir,
Séparons-nous tous trois, sans que d'un seul murmure
Nous fassions un moment soupirer la nature.

E

ATRÉE.

A cet affront nouveau je ne m'attendais pas,
Ma femme ose en ces lieux s'arracher à mes bras!
Vos autels, je l'avoue, ont de grands privilèges!
Thieste les souilla de ses mains sacrilèges....
Mais, de quel droit Ærope ose-t-elle y porter
Ce téméraire vœu qu'ils doivent rejetter?
Par des vœux plus sacrés elle me fut unie,
Voulez-vous que deux fois elle me soit ravie?
Tantôt par un perfide, & tantôt par les dieux?
Ces vœux si mal conçus, ces sermens odieux,
Au roi comme à l'époux sont un trop grand outrage,
Vous pouvez accomplir le vœu qui vous engage.
Ces lieux faits pour votre âge, au repos consacrés,
Habités par ma mère en seront honorés.
Mais Ærope est coupable en suivant votre exemple:
Ærope m'appartient, & non pas à ce temple.
Ces dieux, ces mêmes dieux qui m'ont donné sa foi,
Lui commandent sur-tout de n'obéir qu'à moi.
Est-ce donc Polémon, ou mon frere, ou vous-même,
Qui pensez la soustraire à mon pouvoir suprême?
Vous êtes-vous tous trois en secret accordés,
Pour détruire une paix que vous me demandez?
Qu'on rende mon épouse au maître qu'elle offense;
Et si l'on me trahit, qu'on craigne ma vengeance.

HIPPODAMIE.

Vous interprêtez mal une juste pitié
Que donnait à ses maux ma stérile amitié.
Votre mère pour vous du fond de ces retraites,
Forma toujours des vœux, tout cruel que vous êtes,
Entre Thieste & vous, Ærope sans secours,
N'avait plus que le ciel.... il étoit son recours.
Mais puisque vous daignez la recevoir encore,
Puisque vous lui rendez cette main qui l'honore,
Et qu'enfin son époux daigne lui rapporter
Un cœur dont ses appas n'osèrent se flatter,
Elle doit en effet chérir votre clémence.

Je puis me plaindre à vous; mais son bonheur commence.
Cette auguste retraite, asyle des douleurs,
Où votre triste épouse aurait caché ses pleurs,
Convenable à moi seule, à mon sort, à mon âge,
Doit s'ouvrir pour la rendre à l'hymen qui l'engage.
Vous l'aimez, c'est assez. Sur moi, sur Polémon,
Vous conceviez, mon fils, un injuste soupçon.
Quels amis trouvera ce cœur dur & severe,
Si vous vous défiez de l'amour d'une mère!

ATRÉE.

Vous rendez quelque calme à mes esprits troublés.
Vous m'ôtez un fardeau dont mes sens accablés
N'auraient point soutenu le poids insupportable.
Oui, j'aime encor Ærope, elle n'est point coupable.
Oubliez mon courroux; c'est à vous que je dois
Le jour plus épuré qui va luire pour moi.
Puisqu'Ærope en ce temple à son devoir fidèle
A fui d'un ravisseur l'audace criminelle,
Je veux lui pardonner. Mais qu'en ce même jour
De son fatal aspect il purge ce séjour.
Je vais presser la fête, & je la crois heureuse.
Si l'on m'avait trompé.... Je la rendrais affreuse.

HIPPODAMIE, à Idas.

Idas, il vous consulte, allez & confirmez
Ces justes sentimens dans ses esprits calmés.

SCENE V.

HIPPODAMIE, seule.

Disparaissez enfin redoutables présages,
Pressentimens d'horreur, effrayantes images,
Qui poursuiviez par-tout mon esprit incertain,
La race de Tantale a vaincu son destin.
Elle en a détourné la terrible influence.

E ij

SCENE VI.

HIPPODAMIE, ÆROPE,

ENFIN, votre bonheur passe votre espérance.
Ne pensez plus, ma fille, aux funèbres apprêts,
Qui dans ce sombre asyle enterraient vos attraits;
Laissez-là ces bandeaux, ces voiles de tristesse,
Dont j'ai vu frissonner votre faible jeunesse,
Il n'est ici de rang ni de place pour vous
Que le trône d'un maître & le lit d'un époux.
Dans tous vos droits, ma fille, heureusement rentrée,
Argos chérit dans vous la compagne d'Atrée.
Ne montrez à ses yeux que des yeux satisfaits,
D'un pas plus assuré, marchez vers le palais.
Sur' un front plus serein posez le diadême,
Atrée est rigoureux, violent; mais il aime,
Ma fille, il faut régner.

ÆROPE.

Je suis perdue!... ah, dieux !

HIPPODAMIE.

Qu'entends-je ? Et quel nuage a couvert vos beaux yeux!
N'éprouverai-je ici qu'un éternel passage
De l'espoir à la crainte, & du calme à l'orage!

ÆROPE.

Ma mère !... j'ose encor ainsi vous appeller.
Et de trône, & d'hymen cessez de me parler,
Ils ne sont point pour moi.... Je vous en ferai juge;
Vous m'arrachez, madame, à l'unique réfuge
Où je dus fuir Atrée, & Thieste, & mon cœur.
Vous me rendez au jour; le jour m'est en horreur.
Un dieu cruel, un dieu me suit & nous rassemble,
Vous, vos enfans & moi, pour nous frapper ensemble,
Ne me consolez plus ; craignez de partager
Le sort qui me menace, en voulant le changer,
C'en est fait.

HIPPODAMIE.

Je me perds dans votre deſtinée.
Mais on ne verra point Ærope abandonnée
D'une mère en tout tems prête à vous conſoler,

ÆROPE.

Ah ! qui protégez-vous ?

HIPPODAMIE.

Où voulez-vous aller ?]
Je vous ſuis,

ÆROPE.

Que de ſoins pour une criminelle ?

HIPPODAMIE.

Le fut - elle en effet , je ferai tout pour elle.

Fin du troiſième Acte.

ACTE IV.

SCENE PREMIERE.

ÆROPE, THIESTE.

ÆROPE.

Dans ces afyles faints j'étais enfevelie,
J'y cachais mes tourmens! j'y terminais ma vie;
C'est toi qui m'as rendue à ce jour que je hais.
Thiefte, en tous les temps tu m'as ravi la paix.

THIESTE.

Ce funefte deffein nous faifait trop d'outrage.

ÆROPE.

Ma faute & ton amour nous en font davantage.

THIESTE.

Quoi! verrai-je en tout tems vos remords douloureux
Empoifonner des jours que vous rendiez heureux!

ÆROPE.

Nous heureux! nous cruels! ah dans mon fort funefte
Le bonheur eft-il fait pour Ærope & Thiefte?

THIESTE.

Vivez pour votre fils.

ÆROPE.

Raviffeur de ma foi,
Tu vois trop que je vis pour mon fils & pour toi.
Thiefte, il t'a donné des droits inviolables.
Et les nœuds les plus faints ont uni deux coupables,
Je t'ai fui, je l'ai dû; je ne puis te quitter;

Sans horreur avec toi je ne saurais rester,
Je ne puis soutenir la présence d'Atrée.

THIESTE.

La fatale entrevue est encor différée.

ÆROPE.

Sous des prétextes vains, la reine avec bonté
Ecarte encor de moi ce moment redouté.[1]
Mais la paix dans vos cœurs est-elle résolue ?

THIESTE.

Cette paix est promise, elle n'est point conclue,
Mais j'aurais dans Argos encor des défenseurs,
Et Mícène déja m'a promis des vengeurs.

ÆROPE.

Me préservent les cieux d'une nouvelle guerre !
Le sang pour nos amours a trop rougi la terre.

THIESTE.

Ce n'est que par le sang qu'en cette extrémité
Je puis soustraire Ærope à son autorité.
Il faut tout dire enfin; c'est parmi le carnage
Que dans une heure au moins je vous ouvre un passage.

ÆROPE.

Tu redoubles mes maux, ma honte, mon effroi,
Et l'eternelle horreur que je ressens pour moi.
Thieste garde-toi d'oser rien entreprendre
Avant qu'il ait daigné me parler & m'entendre.

THIESTE.

Lui vous parler !... Mais vous, dans ce mortel ennui,
Qu'avez-vous résolu ?

ÆROPE.

De n'être point à lui....
Va, cruel, à t'aimer le ciel m'a condamnée.

THIESTE.

Je vois donc luire enfin ma plus belle journée.
Ce mot à tous mes vœux en tout tems refusé,
Pour la première fois vous l'avez prononcé,
Et l'on ose exiger que Thieste vous cède !

Vaincu je fais mourir, vainqueur je vous poſſéde.
Je n'ai point d'autre choix; on m'attend, & je cours
Préparer ma victoire ou terminer mes jours.

SCENE II.

ÆROPE, MEGARE

MEGARE.

AH, Madame! le ſang va-t-il couler encore?

ÆROPE.

J'attends mon ſort ici, Mégare, & je l'ignore.

MÉGARE.

Quel appareil terrible & quelle triſte paix!
On borde de ſoldats le temple & le palais:
J'ai vu le fier Atrée: il ſemble qu'il médite
Quelque profond deſſein qui le trouble & l'agite.

ÆROPE.

Je dois m'attendre à tout ſans me plaindre de lui.
Mégare, contre moi tout conſpire aujourd'hui.
Ce temple eſt un aſyle & je m'y refugie,
J'attendris ſur mes maux le cœur d'Hippodamie,
J'y trouve une pitié que les cœurs vertueux
Ont pour les criminels quand ils ſont malheureux,
Que tant d'autres hélas! n'auraient point éprouvée.
Aux autels de nos dieux je me crois réſervée.
Thieſte m'y pourſuit quand je veux m'y cacher;
Un époux menaçant vient encor m'y chercher;
Soit qu'un reſte d'amour vers moi le détermine,
Soit que de ſon rival méditant la ruine,
Il exerce avec lui l'art de diſſimuler.
A ſon trône, à ſon lit il oſe m'appeller.
Dans quel état grands dieux! quand le ſort qui m'opprime
Peut remettre en ſes mains le gage de mon crime,
Quand il peut tous les deux nous punir ſans retour,
Moi d'être une infidèle, & mon fils d'être au jour!

MEGARE

MEGARE.

Puisqu'il veut vous parler, croyez que sa colère
S'appaise enfin pour vous & n'en veut qu'à son frère.
Vous êtes sa conquête.... il a sû l'obtenir.

ÆROPE.

C'en est fait, sous ses loix je ne puis revenir.
La gloire de tous trois doit encore m'être chère,
Je ne lui rendrai point une épouse adultère,
Je ne trahirai point deux frères à la fois.
Je me donnais aux dieux, c'était mon dernier choix ;
Ces dieux n'ont point reçu l'offrande partagée
D'une ame faible & tendre en ses erreurs plongée.
Je n'ai plus de refuge, il faut subir mon sort,
Je suis entre la honte & le coup de la mort ;
Mon cœur est à Thieste ; & cet enfant lui même,
Cet enfant qui va perdre une mère qui l'aime,
Est le fatal lien qui m'unit malgré moi
Au criminel amant qui m'a ravi ma foi.
Mon destin me poursuit, il me ramène encore
Entre deux ennemis dont l'un me déshonore ;
Dont l'autre est mon tyran, mais un tyran sacré.

SCENE III.

ÆROPE, POLÉMON, MEGARE.

POLÉMON.

PRINCESSE, en ce parvis votre époux est entré ;
Il s'appaise, il s'occupe avec Hippodamie
De cette heureuse paix qui vous réconcilie.
Elle m'envoie à vous. Nous connaissons tous deux
Les transports violents de son cœur soupçonneux.
Quoiqu'il termine enfin ce traité salutaire,
Il voit avec horreur un rival dans son frère.
Persuadez Thieste ; engagez-le à l'instant
A chercher dans Micène un trône qui l'attend ;
A ne point différer par sa triste présence

F

Votre réunion que ce traité commence.
Vous me voyez chargé des intérêts d'Argos,
De la gloire d'Atrée & de votre repos.
Tandis qu'Hippodamie avec persévérance
Adoucit de son fils la sombre violence,
Que Thieste abandonne un séjour dangereux:
Il deviendrait bientôt fatal à tous les deux.
Vous devez sur ce prince avoir quelque puissance;
Le salut de vos jours dépend de son absence.

ÆROPE.

L'intérêt de ma vie est peu cher à mes yeux.
Peut-être il en est un plus grand, plus précieux....
Allez, digne soutien de nos tristes contrées,
Que ma seule infortune au meurtre avait livrées.
Je voudrais seconder vos augustes desseins;
J'admire vos vertus; je cède à mes destins.
Puissai-je mériter la pitié courageuse
Que garde encor pour moi cette ame genereuse !
La reine a jusqu'ici consolé mon malheur....
Elle n'en connaît pas l'horrible profondeur.

POLEMON.

Je retourne auprès d'elle; & pour grace dernière,
Je vous conjure encor d'écouter sa prière.

SCENE IV.

ÆROPE, MEGARE.

MÉGARE.

Vous le voyez, Atrée est terrible & jaloux;
Ne vous exposez point à son juste courroux.

ÆROPE.

Que prétends-tu de moi? Tu connais son injure,
Je ne puis à ma faute ajouter le parjure.
Tout le courroux d'Atrée, armé de son pouvoir,
L'amour même, en un mot (s'il pouvait en avoir)

N'obtiendront point de moi que je trompe mon maître.
Le fort en eft jetté.

MÉGARE.

Princeffe, il va paraître.
Vous n'avez qu'un moment.

ÆROPE.

Ce mot me fait trembler.

MÉGARE.

L'abîme eft fous vos pas.

ÆROPE.

N'importe, il faut parler.

MÉGARE.

Le voici.

SCENE V.

ÆROPE, MÉGARE, ATRÉE, GARDES,

ATRÉE (*après avoir fait figne à fes Gardes,*
& à MÉGARE *de fe retirer.*)

JE la vois interdite, éperdue,
D'un époux qu'elle craint, elle éloigne fa vue.

ÆROPE.

La lumière à mes yeux femble fe dérober....
Seigneur, votre victime à vos pieds vient tomber,
Levez le fer; frappez. Une plainte offenfante
Ne s'échappera point de ma bouche expirante,
Je fais trop que fur moi vous avez tous les droits,
Ceux d'un époux, d'un maître, & des plus faintes loix.
Je les ai tous trahis. Et quoique votre frère
Opprimât de fes feux l'efclave involontaire,
Quoique la violence ait ordonné mon fort,
L'objet de tant d'affronts a mérité la mort.
Eteignez fous vos pieds ce flambeau de la haine,

F ij

Dont la flamme embrasait l'Argolide & Micène.
Et puissent, sous ma cendre, après tant de fureurs,
Deux frères réunis oublier leurs malheurs !

ATRÉE.

Levez-vous: je rougis de vous revoir encore ;
Je frémis de parler à qui me déshonore.
Entre mon frère & moi, vous n'avez point d'époux ;
Qu'attendez-vous d'Atrée , & que méritez-vous ?

ÆROPE.

Je ne veux rien pour moi.

ATRÉE.

Si ma juste vengeance
De Thieste & de vous eût égalé l'offense ,
Les pervers auraient vu comme je fais punir ,
J'aurais épouvanté les siècles à venir.
Mais quelque sentiment, quelque soin qui me presse,
Vous pourriez désarmer cette main vengeresse ;
Vous pourriez des replis de mon cœur ulcéré
Ecarter les serpens dont il est dévoré.
Dans ce cœur malheureux obtenir votre grace,
Y retrouver encor votre première place,
Et me venger d'un frère en revenant à moi.
Pouvez-vous, osez-vous me rendre votre foi ?
Voici le temple même où vous futes ravie ,
L'autel qui fut souillé de tant de perfidie ,
Où le flambeau d'hymen fut par vous allumé ,
Où nos mains se joignaient.... où je crus être aimé ;
Du moins vous étiez prête à former les promesses
Qui nous garantissaient les plus saintes tendresses.
Jurez-y maintenant d'expier ses forfaits ,
Et de haïr Thieste autant que je le hais.
Si vous me refusez , vous êtes sa complice ;
A tous deux , en un mot , venez rendre justice.
Je pardonne à ce prix; répondez-moi,

ÆROPE,

Seigneur ,
C'est vous qui me forcez à vous ouvrir mon cœur.

La mort que j'attendais était bien moins crüelle
Que le fatal secret qu'il faut que je révèle.
Je n'examine point si les dieux offensés
Scélèrent mes sermens à peine commencés.
J'étais à vous, sans doute , & mon père Euriftée
M'entraina vers l'autel où je fus préfentée.
Sans feinte & sans deffein foumife à son pouvoir,
Je me livrais entière aux loix de mon devoir.
Votre frère enivré de sa fureur jalouse,
A vous, à ma famille arracha votre épouse.
Et bientôt Euriftée en terminant ses jours,
Aux mains qui me gardaient me laiffa sans secours,
Je reftai sans parens. Je vis que votre gloire
De votre souvenir banniffait ma mémoire ;
Que difputant un trône, & prompt à vous armer,
Vous haïffiez un frère, & ne pouviez m'aimer....

A T R É E.

Je ne le devais pas.... je vous aimai peut-être.
Mais....Achevez Ærope , abjurez-vous un traître ?
Aux pieds des immortels remife entre mes bras,
M'apportez-vous un cœur qu'il ne mérite pas ?

Æ R O P E.

Je ne faurais tromper, je ne dois plus me taire.
Mon deftin pour jamais me livre à votre frère.
Thiefte eft mon époux.

A T R É E.

Lui !

Æ R O P E.

Les dieux ennemis
Eternifent ma faute en me donnant un fils.
Vous allez vous venger de cette criminelle :
Mais que le châtiment ne tombe que fur elle.
Que ce fils innocent ne foit point condamné.
Conçû dans les forfaits, malheureux d'être né,
La mort entoure encor son enfance première ;
Il n'a vu que le crime en ouvrant la paupière.

Mais il est après tout le sang de vos ayeux;
Il est ainsi que vous de la race des dieux :
Seigneur, avec son père on vous reconcilie ;
De mon fils au berceau n'attaquez point la vie.
Il suffit de la mère à votre inimitié.
J'ai demandé la mort, & non votre pitié.

ATRÉE.

Rassurez-vous..., le doute était mon seul supplice...
Je crains peu qu'on m'éclaire.... & je me rends justice...
Mon frère en tout l'emporte... il m'enlève aujourd'hui
Et la moitié d'un trône & vous même avec lui...
De Micène & d'Ærope il est enfin le maître.
Dans sa postérité je le verrai renaître,...
Il faut bien me soumettre à la fatalité
Qui confirme ma perte & sa félicité.
Je ne puis m'opposer au nœud qui vous enchaîne.
Je ne puis lui ravir Ærope ni Micène.
Aux ordres du destin je sais me conformer.
Mon cœur n'était pas fait pour la honte d'aimer.
Ne vous figurez pas qu'une vaine tendresse,
Deux fois pour une femme ensanglante la Grèce ;
Je reconnais son fils pour son seul héritier.
Satisfait de vous perdre & de vous oublier ;
Je veux à mon rival vous rendre ici moi-même...
Vous tremblez.

ÆROPE.

Ah ! seigneur, ce changement extrême,
Ce passage inouï du courroux aux bontés,
Ont saisi mes esprits que vous épouvantez.

ATRÉE.

Ne vous allarmez point; le ciel parle, & je cède.
Que pourrai-je opposer à des maux sans remède ?
Après tout, c'est mon frère., & son front couronné ;
A la fille des rois peut être destiné....
Vous auriez dû plutôt m'apprendre sa victoire,
Et de vous pardonner me préparer la gloire....
Cet enfant de Thieste est sans doute en ces lieux ?

ÆROPE.

Mon fils.... eſt loin de moi... ſous la garde des dieux,

ATRÉE.

Quelque lieu qui l'enferme, il ſera ſous la mienne,

ÆROPE.

Sa mère doit, ſeigneur, le conduire à Micène,

ATRÉE.

A ſes parens, à vous, les chemins ſont ouverts;
Je ne regrette rien de tout ce que je perds;
La paix avec mon frère en eſt plus aſſurée.
Allez.....

ÆROPE, en partant.

Dieux! s'il eſt vrai.... mais dois-je croire Atrée?

SCENE VI.

ATRÉE, ſeul.

ENFIN, de leurs complots j'ai connu la noirceur,
La perfide, elle aimait ſon lâche raviſſeur.
Elle me fuit, m'abhorre, elle eſt toute à Thieſte;
Du ſaint nom de l'hymen ils ont voilé l'inceſte;
Ils jouiſſent en paix du fils qui leur eſt né;
Le vil enfant du crime au trône eſt deſtiné.
Tu ne goûteras pas, race impure & coupable,
Le fruit des attentats dont l'opprobre m'accable.
Par quel enchantement, par quel preſtige affreux,
Tous les cœurs contre moi ſe déclaraient pour eux!
Polémon reprouvoit l'excès de ma colère;
Une pitié crédule avait ſéduit ma mère;
On flattait leurs amours, on plaignait leurs douleurs;
On était attendri de leurs perfides pleurs;
Tout Argos favorable à leurs lâches tendreſſes,
Pardonne à des forfaits qu'il appelle faibleſſes,
Et je ſuis la victime & la fable à la fois,
D'un peuple qui mépriſe, & les mœurs & les loix.

Je vous ferai frémir Grèce légère & vaine,
Détestable Thieste, insolente Micène.
Soleil qui vois ce crime & toute ma fureur,
Tu ne verras bientôt ces lieux qu'avec horreur.
Cessez, filles du Stix, cessez troupe infernale,
D'épouvanter les yeux de mon ayeul Tantale.
Sur Thieste & sur moi venez vous acharner.
Paraissez, dieux vengeurs, je vais vous étonner.

SCENE VII.

ATRÉE, POLÉMON, IDAS.

ATRÉE.

IDAS, exécutez ce que je vais prescrire.
Polémon, c'en est fait, tout ce que je puis dire,
C'est que j'aurai l'orgueil de ne plus disputer,
Un cœur dont la conquête a dû peu me flater.
La paix est préférable à l'amour d'une femme,
Ainsi qu'à mes états je la rends à mon ame.
Vous pouvez à mon frère annoncer mes bienfaits...

POLEMON.

Puisse un pareil dessein, que je conçois à peine,
N'être point en effet inspiré par la haine !

ATRÉE, en sortant.

Craignez-vous pour mon frère ?

POLEMON.

Oui, je crains pour tous deux.
Seconde-moi, nature, éveille-toi dans eux !
Que de ton feu sacré quelque faible éteincelle,
Rallume de ta cendre une flamme nouvelle.
Du bonheur de l'état sois l'auguste lien;
Nature, tu peux tout, les conseils ne font rien.

Fin du quatrième Acte.

ACTE V.

ACTE V.

ÆROPÉ, THIESTE, MÉGARE.

THIESTE, à Æropé.

JE ne puis vous blâmer de cet aveu sincère,
Injurieux, terrible, & pourtant néceſſaire.
Il a réduit Atrée à ne plus réclamer
Un hymen que le ciel ne ſaurait confirmer.

ÆROPE.

Ah! j'aurais dû plutôt expirer & me taire,

THIESTE.

Quoi! je vous vois ſans ceſſe à vous-même contraire?

ÆROPE.

Je frémis d'avoir dit la dure vérité,

THIESTE.

Il doit ſentir au moins quelle fatalité,
Diſpoſe en tous les tems du ſang des Pélopides.
Il voit qu'après un an de troubles, d'homicides
Après tant d'attentats, triſte fruit des amours,
Un éternel oubli doit terminer leurs cours.
Nous ne pouvons enfin retourner en arrière;
Il ne peut renverſer l'éternelle barrière
Que notre hymen élève entre nous deux & lui.
Mes deſtins ont vaincu, je triomphe aujourd'hui.

ÆROPE.

Quel triomphe, Étes-vous hors de ſa dépendance;

G

Votre frère avec vous est-il d'intelligence ?
Atrée, en me parlant, s'est-il bien expliqué ?
Dans ses regards affreux n'ai-je pas remarqué
L'égarement du trouble & de l'inquiétude ?
Polémon de son ame a long-tems fait l'étude ;
Il semble être peu sûr de sa sincérité.

THIESTE.

N'importe il faut qu'il cède à la nécessité.
C'était le seul moyen (du moins j'ose le croire)
Qui de nous trois enfin pût réparer la gloire.

ÆROPE.

Il est maître en ces lieux, nous sommes dans ses mains.

THIESTE.

Les dieux nos protecteurs y sont seuls souverains.

ÆROPE.

Eh ! qui nous répondra que ces dieux nous protègent ?
Peut-être en ce moment les périls nous assiègent.

THIESTE.

Quels périls ? entre nous le peuple est partagé,
Et même autour du temple il est déjà rangé.
Mes amis rassemblés, arrivent de Micène,
Ils viennent adorer & défendre leur reine ;
Mais il n'est pas besoin de ce nouveau secours :
Le ciel avec la paix veille ici sur vos jours;
La reine, Polémon, dans ce temple tranquille,
Imposent le respect qu'on doit à cet asyle.

ÆROPE.

Vous même en m'enlevant, l'avez-vous respecté ?

THIESTE.

Ah ! ne corrompez point tant de félicité.
Pour la première fois la douceur en est pure,

SCENE II.

HIPPODAMIE, ÆROPE, THIESTE, POLÉMON, MÉGARE.

HIPPODAMIE.

ENFIN donc déformais tout cède à la nature.
Banniſſez, Polémon, ces ſoupçons recherchés,
A vos conſeils prudents quelquefois reprochés,
Vous venez avec moi d'entendre les promeſſes,
Dont mon fils ranimait ma joie & mes tendreſſes.
Pourquoi tromperait-il par tant de fauſſété
L'eſpoir qu'il fait renaître au ſein qui l'a porté?
Il cède à vos conſeils, il pardonne à ſon frère;
Il approuve un hymen devenu néceſſaire;
Il y conſent du moins: la première des loix,
L'intérêt de l'état lui parle à haute voix.
Il n'écoute plus qu'elle; & s'il voit avec peine
Dans ce fatal enfant l'héritier de Micène,
Conſolé par le trône où les dieux l'ont placé,
A la publique paix lui-même intéreſſé,
Lié par ſes ſermens, oubliant ſon injure,
Docile à vos leçons, mon fils n'eſt point parjure.

POLÉMON.

Reine, je ne veux point, dans mes ſoins défiants,
Jetter ſur ſes deſſeins des yeux trop prévoyants.
Mon cœur vous eſt connu, vous ſavez s'il ſouhaite
Que cette heureuſe paix ne ſoit point imparfaite.

HIPPODAMIE.

La coupe de Tantale en eſt l'heureux garant.
Nous l'attendons ici; c'eſt de moi qu'il la prend;
Et c'eſt même en ces lieux qu'il doit avec ſon frère
Prononcer après moi ce ſerment néceſſaire.

              (A Ærope & à Thieſte.)
C'eſt trop ſe défier: goûtez entre mes bras.

Un bonheur, mes enfans, que nous n'attendions pas,
Vous êtes arrivés par une route affreuse
Au but que vous marquait cette fin trop heureuse.
Sans outrager l'hymen, vous me donnez un fils;
Il a fait nos malheurs, mais il les a finis;
Et je peux à la fin, sans rougir de ma joie,
Remercier le ciel de ce don qu'il m'envoie.
Si vos terreurs encor vous laissent des soupçons,
Confiez-moi ce fils, Ærope, & j'en réponds.

THIESTE.

Eh bien, s'il est ainsi, Thieste & votre fille
Vont remettre en vos mains l'espoir de leur famille.
Vous, ma mere, & les dieux, vous serez son appui,
Jusqu'à l'heureux moment où je pars avec lui.

ÆROPE.

De mes tristes frayeurs à la fin délivrée,
Je me confie en tout à la mère d'Atrée.
Cours, Mégare.

MÉGARE.

Ah! princesse, à quoi m'obligez-vous!

ÆROPE.

Va, dis-je, ne crains rien.... sur vos sacrés genoux
En présence des dieux je mettrai sans alarmes,
Ce depôt précieux arrosé de mes larmes.

THIESTE.

C'est vous qui l'adoptez, & qui m'en répondez.

HIPPODAMIE.

N'en doutez pas.

POLEMON.

Voyez ce que vous hasardez,
Je veillerai sur lui.

ÆROPE.

Soyez sa protectrice:
Ma mère, s'il est né sous un cruel auspice
Corrigez de son fort le sinistre ascendant.

HIPPODAMIE.

On m'ôtera le jour avant que cet enfant...
Vous favez, belle Ærope en tous les tems fi chère;
Si le ciel m'a donné des entrailles de mère.

SCENE III.

HIPPODAMIE, ÆROPE, THIESTE, IDAS, POLÉMON.

IDAS.

Reines, on vous attend, Atrée eſt à l'autel.

ÆROPE.

Atrée.

IDAS.

Il doit lui-même, en ce jour folemnel,
Commencer fous vos yeux ces heureux facrifices,
Immoler la victime, en offrir les prémices.
(A Ærope.)
Les goûter avec vous, tandis que dans ces lieux,
Pour confirmer la paix jurée au nom des dieux,
Je dois faire apporter la coupe de fes pères,
Ce gage augufte & faint de vos fermens fincères.
C'eſt à Thiefte, à vous, de venir commencer
La fête qu'il ordonne & qu'il fait annoncer.

THIESTE.

Mais il pouvait lui-même ici nous en inſtruire;
Venir prendre fa mère, à l'autel nous conduire.
Il le devait.

IDAS.

Au temple un devoir plus preffé
De ces devoirs communs, feigneur, l'a difpenfé.
Vous favez que les dieux font aux rois plus propices,
Quand de leurs propres mains ils font les facrifices.
Les rois des Argiens de ce droit font jaloux.

THIESTE.

Allons donc chère Ærope.... à côté d'un époux,

Suivez sans vous troubler une mère adorée.
Je ne puis craindre ici l'inimitié d'Atrée ;
Engagé trop avant, il ne peut reculer.

ÆROPE.

Pardonne, cher époux, si tu me vois trembler.

HIPPODAMIE.

Venez, ne tardons plus.... Le sang des Pélopides
Dans ce jour fortuné n'aura point des perfides.

SCENE IV.

POLÉMON, IDAS.

IDAS.

Vous ne le suivez pas ?

POLEMON.

Non, je reste en ces lieux;
Et ces libations qu'on y va faire aux dieux,
Ces apprêts, ces serments me tiennent en contrainte ;
Je vois trop de soldats entourer cette enceinte:
Vous devez y veiller: je dois compte au sénat
Des suites de la paix qu'il donne à cet état.
Ayez soin d'empêcher que tous ces satellites
De nos parvis sacrés ne passent les limites.
Que font-ils en ces lieux ? .... & vous, répondez-moi,
Vous aimez la vertu, même en flattant le roi,
Vous ne voudriez pas de la moindre injustice,
Fût-ce pour le servir, vous rendre le complice ?

IDAS.

C'est m'outrager, seigneur, que me le demander.

POLÉMON.

Mais il règne, on l'outrage; il peut vous commander,
Ces actes de rigueur, ces effets de vengeance,
Qui ne trouvent souvent que trop d'obéissance.

IDAS.

Il n'oserait: sachez, s'il a de tels desseins

Qu'il ne les confiera qu'aux plus vils des humains,
Osez-vous accuser le roi d'être parjure?

POLEMON.

Il a diffimulé l'excès de fon injure;
Il garde un froid filence; & depuis qu'il est roi,
Ce cœur que j'ai formé s'est éloigné de moi.
La vengeance en tout tems a fouillé ma patrie,
La race de Pélops tient de la barbarie.
Jamais prince en effet ne fut plus outragé.
Ne vous a-t-il pas dit qu'on le verrait vengé?

IDAS.

Oui; mais depuis, feigneur, dans fon ame ulcerée,
Ainfi que parmi nous, j'ai vu la paix rentrée.
A ce jufte courroux dont il fut poffédé,
Par degrés à mes yeux le calme a fuccédé.
Il eft devant les dieux; déja des facrifices
Dans ce moment heureux on goûte les prémices.
Sur la coupe facrée on va jurer la paix
Que vos foins ont donnée à nos ardens fouhaits.

POLEMON.

Achevons notre ouvrage; entrons, la porte s'ouvre,
De ce faint appareil la pompe fe découvre. (*)
La reine avec Ærope avance en ce parvis.
Au nom de nos deux rois à la fin réunis,
On apporte en ces lieux la coupe de Tantale;
Puiffe-t-elle à fes fils n'être jamais fatale.

SCENE V.

Tous les perfonnages précédens, ATRÉE, dans le fond.

POLEMON.

JE vois venir Atrée, & voici les momens
Où vous allez tous trois prononcer les fermens.

(*) Ici on apporte l'autel avec la coupe. La reine, Ærope,
& Thiefte fe mettent à un des côtés. Polémon & Idas en la fa-
luant fe placent de l'autre.

(*Atrée se place derrière l'autel.*)

HIPPODAMIE.

Vous les écouterez, Dieux souverains du monde,
Dieux ! auteurs de ma race en malheurs si féconde,
Vous les voulez finir, & la religion
Forme enfin les saints nœuds de la réunion,
Qui rend, après des jours de sang & de misère,
Les peuples à leurs rois, les enfans à leur mère.
Si du trône des cieux vous ne dédaignez pas
D'honorer d'un coup d'œil les rois & les états,
Prodiguez vos faveurs à la vertu du juste,
Si le crime est ici, que cette coupe auguste
En lave la souillure, & demeure à jamais
Un monument sacré de vos nouveaux bienfaits.

(*A Atrée.*)

Approchez-vous, mon fils. D'où naît cette contrainte,
Et quelle horreur nouvelle en vos regards est peinte?

ATRÉE.

Peut-être un peu de trouble a pu renaître en moi,
En voyant que mon frère a soupçonné ma foi.
Des soldats de Micène il a mandé l'élite.

THIESTE.

Je veux que mes sujets se rangent à ma suite,
Je les veux pour témoins de mes sermens sacrés.
Je les veux pour vengeurs si vous vous parjurez.

HIPPODAMIE.

Ah! bannissez, mes fils, ces soupçons téméraires,
Honteux entre des rois, cruels entre des frères.
Tout doit être oublié; la plainte aigrit les cœurs,
Rien ne doit de ce jour altérer les douceurs;
Dans nos embrassemens qu'enfin tout se répare.

(*A Polémon.*)

Donnez-moi cette coupe.

MÉGARE, *accourant.*
Arrêtez !

ÆROPE,

ÆROPE.

Ah! Mégare,

Tu reviens fans mon fils!

MEGARE, *fe plaçant près d'Ærope.*

De farouches foldats

Ont faifi cet enfant dans mes débiles bras.

ÆROPE.

Quoi, mon fils malheureux!

MEGARE.

Interdite & tremblante;

Les dieux que j'atteftais m'ont laiffée expirante.

Craignez tout.

THIESTE.

Ah, mon frère! eft-ce ainfi que ta foi

Se conferve à nos dieux, à tes fermens, à moi?...

Ta main tremble en touchant à la coupe facrée!...

ATRÉE.

Tremble encor plus perfide, & reconnais Atrée.

ÆROPE.

Dieux, quels maux je reffens! ô ma mère; ô mon fils!

Je meurs!

(*Elle tombe dans les bras d'Hippodamie & de Thiefte.*)

POLÉMON.

Affreux foupçons, vous êtes éclaircis.

ATRÉE.

Tu meurs, indigne Ærope, & tu mourras Thiefte,

Ton déteftable fils eft celui de l'incefte,

Et ce vafe contient le fang du malheureux,

J'ai voulu de ce fang vous abreuver tous deux.

(*La nuit fe répand fur la fcène, & on entend le tonnerre.*)

ATRÉE *tire fon épée.*

Ce poifon m'a vengé; glaive achève...

THIESTE.

Ah, barbare!

Tu mourras avant moi... la foudre nous fépare...

H

(Les deux frères veulent courir l'un sur l'autre le poignard à la main. Polemon & Idas les désarment.)

ATRÉE.

Crains la foudre & mon bras, tombe perfide & meurs!

HIPPODAMIE.

Monstres, sur votre mère épuisez vos fureurs.
Mon sein vous a portés ; je suis la plus coupable.

(Elle embrasse Ærope & se laisse tomber auprès d'elle sur une banquette. Les éclairs & le tonnerre redoublent.

THIESTE.

Je ne puis t'arracher ta vie abominable ;
Va , je finis la mienne. *(Il se tue.)*

ATRÉE.

Attend, rival cruel....
Le jour fuit , l'enfer m'ouvre un sépulcre éternel ;
Je porterai la haine au fond de ces abîmes ;
Nous y disputerons de malheurs & de crimes.
Le séjour des forfaits , le séjour des tourmens ,
O Tantale ! ô mon père ! est fait pour tes enfans.
Je suis digne de toi , tu dois me reconnaître ;
Et mes derniers neveux m'égaleront peut-être,

Fin du cinquième & dernier Acte.

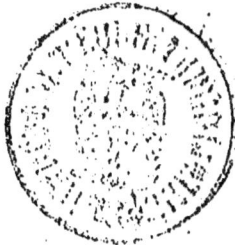

APPROBATION.

J'AI lu par ordre de Monseigneur le Chancelier, *les Pélopides*, ou *Atrée & Thieste*, Tragédie de M. de Voltaire; & je n'y ai rien trouvé qui ne m'ait paru devoir en favoriser l'impression, A Paris, ce 7 Février 1772.

CREBILLON.

www.ingramcontent.com/pod-product-compliance
Lightning Source LLC
LaVergne TN
LVHW022145080426
835511LV00008B/1268